École.

Méthode de lecture **CP**

# Ribambelle

Album 1

Album 2

Album 3

## 1 Livret d'entrainement

Sous la direction de
**Jean-Pierre Demeulemeester**
inspecteur
de l'Éducation nationale

**Nadine Demeulemeester**
conseillère pédagogique

**Monique Géniquet**
conseillère pédagogique

**Marie-Hélène Lacroix**
professeure des écoles
maitre formateur



Cet ouvrage est rédigé avec l'orthographe recommandée par le ministère de l'Éducation nationale.



Hatier

Achevé d'imprimer par par Loire Offset Titoulet à Saint-Etienne - France - Dépôt légal n° 97311-6/01 février 2014
ISBN : 978-2-218-97311-6

## J'apprends le code

**1**

| | |
|---|---|
| a, A  a, A | |
| [a] | ~~[a]~~ |
|  avion |  laine |
|  patin |  épaule |

**2**

| | |
|---|---|
| i, I  i, I | |
| [i] | ~~[i]~~ |
|  igloo |  noir |
|  tulipe |  ceinture |

**3**

| | |
|---|---|
| o, O  o, O | |
| [o] [ɔ] | ~~[o]~~ |
|  pot |  poule |
|  école |  bonbon |

## 4

u, U *u, U*

| [y] | ~~[y]~~ |
| --- | --- |
|  usine |  bougie |
|  sucre |  chameau |

## 5

e, E *e, E*

| [ə] | ~~[ə]~~ |
| --- | --- |
|  requin |  tortue |
|  cheval |  poteau |

## 6

é, É *é*

[e]

étoile

éléphant

bébé

## J'apprends le code

j'entends [l]

je vois l, L l, L

lune

**1**

| lapin | légumes | valise | vélo | pendule | luge |
|---|---|---|---|---|---|
| la pin | lé gu mes | va li se | vé lo | pen du le | lu ge |

**2**

l a → la lama

l e → le ampoule

l i → li livre

l o → lo diabolo

l u → lu lutin

l é → lé lézard

**3** li – lu – le – li – le – lé – lo – la – lu – lo – lé – la

**4** il a lu – Lili – un lit – le lilas – un ilot

## J'apprends le code

j'entends [R]

je vois r, R r, R

rat

**1**

     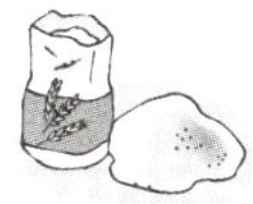

| ruban | caméra | rocher | réveil | renard | farine |
|---|---|---|---|---|---|
| ru ban | ca mé ra | ro cher | ré veil | re nard | fa ri ne |

**2**

r a → ra  radis

r i → ri 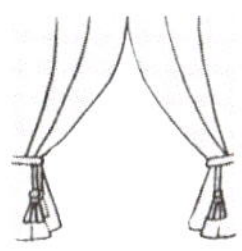 rideau

r u → ru  ruche

r é → ré  purée

r o → ro  robinet

r e → re  requin

**3** ri – ru – re – ri – re – ré – ro – ra – ru – ro – ré – ra

**4** lire – rire – le riz – il râle – la rue – rare

## Je m'entraine à lire

**1** Je lis des mots du texte.

le rat – la rue

rire

**2** Je lis des mots outils.

si – ma – de
de – si – ma
ma – de – si

**3** Je lis de nouvelles phrases.

Si j'étais…
Si j'étais **une libellule**…
Si j'étais une libellule, **je volerais jusqu'à la Lune.**

Si j'étais…
Si j'étais **un rat**…
Si j'étais un rat, **je ferais rire les chats.**
Si j'étais un rat, je ferais rire les chats **de ma rue.**
Si j'étais un rat, je ferais rire **tous** les chats de ma rue.

**4** Je lis des noms du texte avec leurs déterminants.

**un** → rat, chat

**une** → libellule, rue

## J'apprends le code

j'entends [f]

je vois **f**, **F** f, F

**fée**

un phare

**1**

café
ca|fé

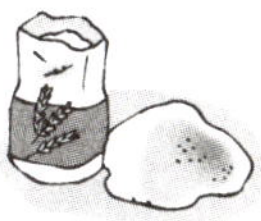
farine
fa|ri|ne

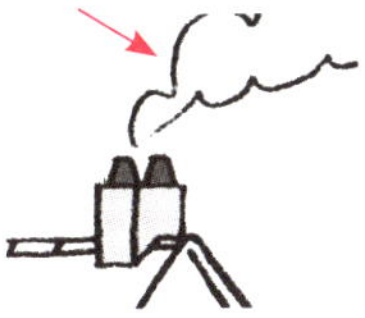
fumée
fu|mée

forêt
fo|rêt

fenêtre
fe|nê|tre

figure
fi|gu|re

**2**

f a → fa fakir

f i → fi ficelle

f u → fu fusée

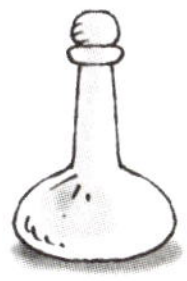
f e → fe carafe

f o → fo forêt

f é → fé café

**3** fi – fu – fe – fi – fe – fé – fo – fa – fu – fo – fé – fa

**4** une file – la folie

## J'apprends le code

j'entends [u]

je vois **ou** ou

loup

**1**

loupe

| lou | pe |

route

| rou | te |

fou

| fou |

**2**

l ou → lou

louche

r ou → rou

roue

f ou → fou

foulard

**3** rou – lou – fou – fi – fou – lou – fa – fu – fo – fé

**4** un filou – il roule – la foule – loulou – roux

## Je m'entraine à lire

### 1 Je lis des mots du texte.

une fée – un loup

farfelue – roux – fou

### 2 Je lis des mots outils.

| | | | | | | |
|---|---|---|---|---|---|---|
| sur | – | en | – | tout | – | et |
| tout | – | sur | – | et | – | en |
| en | – | et | – | tout | – | sur |

### 3 Je lis de nouvelles phrases.

Si j'étais une fée…
Si j'étais une fée **farfelue**…
Si j'étais une fée farfelue, **je soufflerais sur les fourmis.**
Si j'étais une fée **farfelue**, je soufflerais sur les fourmis
**pour en faire des souris.**

Si j'étais un loup…
Si j'étais un loup, je serais **tout roux**.
Si j'étais un loup, je serais **tout doux**.
Si j'étais un loup, je serais **tout fou.**
Si j'étais un loup, **je ferais le fou.**

### 4 Je lis des noms du texte avec leurs déterminants.

**une** → fée, fourmi

**des** → fées, fourmis

## J'apprends le code

j'entends [ʃ]

je vois **ch** ch

**ch**ar à voile

**1**

douche

dou | che

chapeau

cha | peau

couché

cou | ché

**2**

ch a → cha chasseur

ch i → chi chignon

ch u → chu parachute

ch é → ché mouché

ch o → cho chocolat

ch e → che vache

**3** chou – cha – fi – che – ru – chu – fo – ché – lou – chi

**4** riche – un chou – un char – la fiche – chéri – louché

## J'apprends le code

j'entends [wa]

je vois **oi** *oi*

**roi**

**1**

oiseau

| oi | seau |

mouchoir

| mou | choir |

loir

| loir |

tiroir

| ti | roir |

**2**

l oi → loi     loi

f oi → foi     foire

ch oi → choi     choix

r oi → roi

miroir

**3** *foi* – loi – chou – roi – lou – *choi* – *la* – roi – *rou*

**4** une fois – la Loire – le foie

## Je m'entraine à lire

### 1 Je lis des mots du texte.

un char – le roi – le soir – un loir

### 2 Je lis des mots outils.

| | | | | |
|---|---|---|---|---|
| chaque | – | comme | – | pour |
| comme | – | pour | – | chaque |
| pour | – | chaque | – | comme |

### 3 Je lis de nouvelles phrases.

Si j'étais pilote de char à voile…
Si j'étais pilote de char à voile, **je filerais**.
Si j'étais pilote de char à voile, **je filerais comme une flèche**.
Si j'étais pilote de char à voile, **je filerais** comme une flèche, **sur tous les chemins**.

Si j'étais le roi de la nuit…
Si j'étais le roi de la nuit, **je chercherais un endroit**.
Si j'étais le roi de la nuit, je chercherais un endroit **pour dormir comme un loir**.
Si j'étais le roi de la nuit, je chercherais un endroit **tout noir**, pour dormir comme un loir.
Si j'étais le roi de la nuit, je chercherais, **chaque soir**, un endroit tout noir pour dormir comme un loir.

### 4 Je lis des noms du texte avec leurs déterminants.

**le** → roi, char, loir

**la** → nuit, flèche

## J'apprends le code

sorcière

j'entends [s]

je vois s, S s, S

**1**

sucre
su | cre

soleil
so | leil

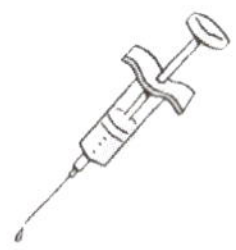
seringue
se | rin | gue

sapin
sa | pin

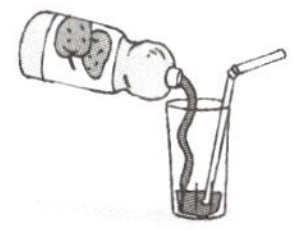
sirop
si | rop

**2**

s a → sa  salade

s i → si  sifflet

s u → su  sucette

s e → se 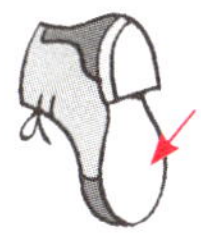 semelle

s o → so 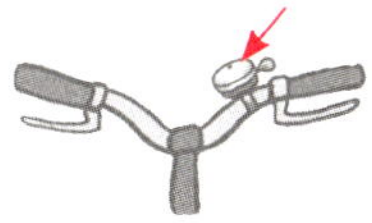 sonnette

s ou → sou  sourire

**3** si – su – se – si – sou – sé – so – sa – su – soi – sé – sa

**4** une soupe – la soirée – sale – la soif – la soie
le sirop – une série

## J'apprends le code

j'entends [t]

je vois t, T t, T

tortue

**1**

tulipe

tu | li | pe

tiroir

ti | roir

télévision

té | lé | vi | sion

tomate

to | ma | te

pelote

pe | lo | te

**2**

t a → ta tasse

t i → ti tigre

t u → tu tunnel

t e → te tenaille

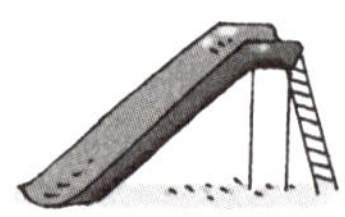

t o → to toboggan

t é → té téléphone

**3** ti – tu – te – ti – toi – té – to – ta – tu – to – té – ta – tou

**4** la toile – une tâche – utile – la toiture

une chatte – une tour – Téo – une touche

## Je m'entraine à lire

**1** Je lis des mots du texte.

la soupe – une tortue – les étoiles

têtue

**2** Je lis des mots outils.

| | | | | |
|---|---|---|---|---|
| encore | – | plus | – | très |
| très | – | encore | – | plus |
| plus | – | très | – | encore |

**3** Je lis de nouvelles phrases.

Si j'étais une sorcière…
Si j'étais une sorcière, **je volerais sur mon balai.**
Si j'étais une sorcière, je volerais sur mon balai
**pour attraper les étoiles.**

Si j'étais une tortue…
Si j'étais une tortue, **je serais très têtue.**
Si j'étais une tortue, **je m'entrainerais tous les jours.**
Si j'étais une tortue, je m'entrainerais tous les jours, **pour courir comme un lièvre.**

Mais je suis moi.
Mais je suis moi **et c'est encore mieux.**
Mais je suis moi et c'est encore mieux **comme ça.**

**4** Je lis des noms du texte avec leurs déterminants.

la → soupe, tortue

les → étoiles, tortues

## J'apprends le code

j'entends [m]

je vois m, M     m, M

mamie

**1**

|  |  |  |  |  |
|---|---|---|---|---|
| maman | museau | fourmi | rhume | locomotive |
| ma man | mu seau | four mi | rhu me | lo co mo ti ve |

**2**

m a → ma magicien

m e → me melon

m i → mi miroir

m oi → moi armoire

m u → mu muguet

m ou → mou moulin

**3** mi – mu – moi – mou – to – mu – foi – mi – chu – me – sou

**4** un ami – la mémoire – une mouche

l'armoire – la fumée – un chamois – des moules

## J'apprends le code

j'entends [p]

je vois **p**, **P** *p*, *P*

**p**omme

**1**

parachute

| pa | ra | chu | te |

poteau

| po | teau |

punaise

| pu | nai | se |

aspirateur

| as | pi | ra | teur |

tulipe

| tu | li | pe |

**2**

p a → pa patin

p i → pi pirate

p u → pu pull

p e → pe peluche

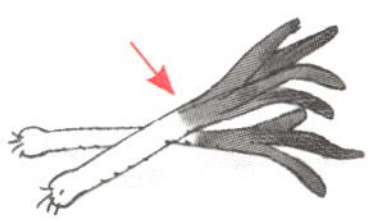

p oi → poi poireau

p ou → pou ampoule

**3** pi – pu – rou – pou – so – lu – poi – fou – pé – me – sou

**4** papi – un puma – la poule – une poire

le tapis – un tipi – petite – une étape – une poupée

## Je m'entraine à lire

### 1 Je lis des mots du texte.

la soupe – une tarte – de la poule au pot – un chef

des pâtes – les souris – des pommes – ses amis

### 2 Je lis des mots outils.

| | | | | |
|---|---|---|---|---|
| avec | – | aussi | – | trop |
| aussi | – | trop | – | avec |
| trop | – | avec | – | aussi |

### 3 Je lis de nouvelles phrases.

Elle apporte de la soupe.
Elle apporte de la soupe **de souris à ses amis.**
Elle apporte de la soupe de souris à ses amis **surpris**.
**Parfois**, elle apporte de la soupe de souris à ses amis surpris.

Elle apporte de la tarte.
Elle apporte de la tarte **aux pommes.**
Elle apporte de la tarte aux pommes **à son chat !**

Elle prépare des plats.
Elle prépare des **petits** plats.
**Pour moi,** elle prépare des petits plats.
Pour moi **aussi**, elle prépare des petits plats.

### 4 Je lis des noms du texte avec leurs déterminants.

**un** → chat, moule

**une** → armoire, tarte

**des** → pommes, plats

## J'apprends le code

j'entends [d]

je vois d, D d, D

dame

**1**

| | | | | | | | | | |
|---|---|---|---|---|---|---|---|---|---|
| d | a | → | da | dame | d | ou | → | dou | douche |
| d | i | → | di | radis | d | o | → | do | domino |
| d | u | → | du | dune | d | e | → | de | malade |

**2** du – po – doi – dou – so – dé – la – dou – tu – re – do

**3** dodu – madame – samedi – la date – du soda – un doigt – une idée

## J'apprends le code

j'entends [v]

je vois v, V v, V

vélo

**1**

| | | | | | | | | | |
|---|---|---|---|---|---|---|---|---|---|
| v | a | → | va | vache | v | é | → | vé | vélo |
| v | i | → | vi | navire | v | ou | → | vou | vouloir |
| v | e | → | ve | olive | v | oi | → | voi | voiture |

**2** vu – mi – voi – vou – fo – vu – sa – vou – ru – pe – vo

**3** la vie – une voile – il vole – vite – une avenue – le cheval – voir

## Je m'entraine à lire

### 1 Je lis des mots du texte.

une dame – sa moto – la vérité

des douches – des idées – les voix

### 2 Je lis des mots outils.

| | | | | |
|---|---|---|---|---|
| que | – | mieux | – | c'est |
| mieux | – | c'est | – | que |
| c'est | – | que | – | mieux |

### 3 Je lis de nouvelles phrases.

Elle pilote sa moto.
Elle pilote sa moto **tous les mardis.**

Elle prend des douches froides.
Elle prend des douches froides **tous les samedis.**

Elle pilote sa moto **et** prend des douches froides.
Elle pilote sa moto **tous les mardis** et prend des douches froides **tous les samedis.**

Elle filme les fourmis.
**Parfois, la nuit,** elle filme les fourmis.

Elle **imite toutes les voix.**
Elle **fait tous les gestes.**
Elle imite toutes les voix **et** fait tous les gestes.

Ma mamie est une star…
**La vérité, c'est que** ma mamie est une star…

### 4 Je lis des noms du texte avec leurs déterminants.

le → soir / pirate

la → nuit / télévision

les → mardis / fourmis

## J'apprends le code

j'entends [ʒ]

je vois **j**, **J** j, J

jupe

**1**

| | | | | | | | | | |
|---|---|---|---|---|---|---|---|---|---|
| j | a | → | ja | jade | j | o | → | jo | joli |
| j | u | → | ju | juré | j | oi | → | joi | joie |
| j | e | → | je | jeté | j | ou | → | jou | jour |

**2** ju – mi – joi – jou – fu – jo – soi – jou – re – pé – je

**3** du soja – Jérôme – la joue – jaloux – le judo – toujours – il a joué

## J'apprends le code

j'entends [b]

je vois **b**, **B** b, B

bol

**1**

| | | | | | | | | | |
|---|---|---|---|---|---|---|---|---|---|
| b | a | → | ba | balle | b | e | → | be | lobe |
| b | i | → | bi | bijou | b | o | → | bo | lavabo |
| b | u | → | bu | bulle | b | oi | → | boi | boire |

**2** bi – do – boi – bou – lo – bu – ba – dou – tu – be – do

**3** une robe – bossu – un tuba – mobile – une bobine – la boue

## Je m'entraine à lire

### 1 Je lis des mots du texte.

du riz – un ami – un lit – un bolide

les mots – des robes – des bottes – des jupes – des sabots

### 2 Je lis des mots outils..

| | | | | |
|---|---|---|---|---|
| déjà | – | parfois | – | toujours |
| parfois | – | toujours | – | déjà |
| toujours | – | déjà | – | parfois |

### 3 Je lis de nouvelles phrases.

Je joue avec les mots.
Je joue **toujours** avec les mots.
**Avec ma mamie**, je joue toujours avec les mots.

Mamie rime avec **riz, ami, lit, pie, coulis, poli, guiliguili, jolie**.
Mamie rime avec **lit, jolie, poli, riz, coulis, ami, guiliguili, pie**.
Mamie rime avec **guiliguili, pie, coulis, ami, lit, jolie, poli, riz**.

Elle porte **des robes avec des bottes de cheval**.
Elle porte **des jupes à pois avec des sabots**.
Elle porte des robes avec des bottes de cheval **ou** des jupes à pois avec des sabots.

Il faut la voir **sur son bolide** !
Il faut la voir **avec tous ses habits** !
Il faut la voir sur son bolide avec tous ses habits !

### 4 Je lis des noms du texte avec leurs déterminants.

| | | |
|---|---|---|
| le → bolide, chat | la → jupe, robe | les → habits, bottes |

## J'apprends le code

j'entends [n]

je vois n, N   n, N

numéro

**1**

| | | | | | | | | | |
|---|---|---|---|---|---|---|---|---|---|
| n | a | → | na | nature | n | ou | → | nou | nounours |
| n | i | → | ni | nid | n | o | → | no | piano |
| n | u | → | nu | menu | n | oi | → | noi | noix |

**2** nu – né – noi – mou – no – nu – ma – nou – vu – ne – ro

**3** une machine – une minute – la farine – la nature – noir – la niche

## J'apprends le code

al, ir, os, ur, our…

| al | ar | as |
|---|---|---|
| un journal<br>des palmes<br>normal | la barbe<br>une tartine<br>par | un as<br>un ananas<br>aspiré |

| il | ir | ur |
|---|---|---|
| du fil<br>un film<br>du persil | finir<br>venir<br>Irma | un mur<br>pur |

| oir | our | os | or |
|---|---|---|---|
| un mouchoir<br>le miroir<br>le tiroir | un ours<br>une fourche<br>un tournoi | un os<br>la poste<br>un albatros | la porte<br>des orties<br>la sortie |

## Je m'entraine à lire

**1** **Je lis des mots du texte.**

la journée – la cheminée – la nappe – des mots

surpris – doux

**2** **Je lis des mots outils.**

| | | | | |
|---|---|---|---|---|
| dans | – | partout | – | pas |
| pas | – | dans | – | partout |
| partout | – | pas | – | dans |

**3** **Je lis de nouvelles phrases..**

Elle note et colle des mots partout.
Elle note et colle des mots partout : **sur la cheminée, la nappe**.
Elle note et colle des mots partout : sur la cheminée, la nappe,
**mes bottines et même sur le chat !**

Elle a toujours des mots doux.
Elle a toujours des mots doux **pour moi**.
Elle a toujours des mots doux pour moi **et, avec elle,**
**je ne m'ennuie pas !**

Tu es surpris ?
Tu es surpris ? **Tu n'as pas vu mon papi, ma mémé et mon pépé !**
Tu es surpris ? **Et encore…** Tu n'as pas vu mon papi, ma mémé
et mon pépé !

**4** **Je lis des noms du texte avec leurs déterminants.**

**mon** → chat, pépé | **ma** → mamie, nappe | **mes** → numéros, bottines

## J'apprends le code

j'entends [ɔ̃] — je vois **on** — on — **bon**b**on**

je vois **om** — om — **om**bre

1

| | | | | | | | | | |
|---|---|---|---|---|---|---|---|---|---|
| m | on | → | mon | monde | t | om | → | tom | tombé |
| d | on | → | don | bidon | n | om | → | nom | nombre |
| l | on | → | lon | boulon | b | om | → | bom | bombe |
| v | on | → | von | savon | p | om | → | pom | pompe |

2 lon – rou – von – pom – lou – fon – poi – son – pon – som

3 un bouton – le chaton – un bâton – du melon – il tombe

## J'apprends le code

br, dr, fr, pr, tr, vr

1 bri – vrou – tron – bro – fru – brou – droi – tran – pron

2

| br | dr | fr |
|---|---|---|
| le bras<br>un arbre<br>un abri<br>une brosse | drôle<br>fondre<br>un endroit<br>la foudre | le front<br>les frites<br>froid<br>frappé |

| pr | tr | vr |
|---|---|---|
| un pré<br>une proie<br>une prune<br>propre | trois<br>une trompe<br>un trou<br>une tranche | un livre<br>ouvrir<br>le chevrot<br>un poivron |

## Je m'entraine à lire

### 1 Je lis des mots du texte.

le monstre – le plafond – son lit – une ombre – minuit

les moutons – des nombres – des ronds – des bonbons

### 2 Je lis des mots outils.

| | | | | | | |
|---|---|---|---|---|---|---|
| très | – | avant | – | autour | – | plus |
| avant | – | plus | – | très | – | autour |
| autour | – | très | – | plus | – | avant |

### 3 Je lis des phrases qui se ressemblent.

Enzo a peur.
**À la nuit tombée**, Enzo a peur.
À la nuit tombée, Enzo a peur. **Il y a un monstre.**
À la nuit tombée, Enzo a peur. Il y a un monstre **au plafond.**

Le monstre fait des ronds.
Le monstre fait des ronds **autour de son lit.**
Le monstre fait des ronds autour **du lit d'Enzo.**

Enzo ne peut pas dormir.
Enzo ne peut pas dormir **avant onze heures.**
Enzo ne peut pas dormir avant onze heures. **Minuit parfois** !

Ça ne marche pas !
Ça ne peut plus durer !

### 4 Je lis des pronoms.

**je** → vois / suis

**j'** → ai / irais

**tu** → es / as

## J'apprends le code

j'entends [ɑ̃] — je vois **an** *an* **an**tenne
je vois **en** *en* **en**veloppe

**1**

| | | | | | | | | |
|---|---|---|---|---|---|---|---|---|
| d | an | → dan | dans | | r | en | → ren | parents |
| s | an | → san | sandale | | m | en | → men | rapidement |
| f | an | → fan | fantôme | | l | en | → len | lente |

**2** *len* – ran – ven – pon – *lan* – *fen* – *pen* – chan – *ban* – soi

**3** un pantalon – le volant – dimanche – le chant – mentir – une fente

## J'apprends le code

j'entends [ɑ̃] — je vois **am** *am* **am**poule
je vois **em** *em* nov**em**bre

**1**

| | | | | | | | | |
|---|---|---|---|---|---|---|---|---|
| l | am | → lam | lampe | | t | em | → tem | température |
| j | am | → jam | jambe | | v | em | → vem | novembre |
| ch | am | → cham | chambre | | s | em | → sem | semblant |

⚠ un faon, un paon

**2** *lam* – vem – lom – tem – *jam* – *cham* – *mem* – ram – pom

**3** *emporté* – Bambi – du jambon – le champ – longtemps

## Je m'entraine à lire

**1** **Je lis des mots du texte.**

le temps – un appartement – la rentrée – la chambre

les amis – les enfants – ses parents

méchant – épouvantable – endormi

**2** **Je lis des mots outils.**

| | | | | | | |
|---|---|---|---|---|---|---|
| un peu | – | beaucoup | – | mais | – | vraiment |
| vraiment | – | mais | – | beaucoup | – | un peu |
| mais | – | un peu | – | vraiment | – | beaucoup |

**3** **Je lis des phrases qui se ressemblent**

Les parents d'Enzo l'écoutent.
Les parents d'Enzo l'écoutent **attentivement**.
Les parents d'Enzo l'écoutent attentivement **et, sans attendre, ils en parlent à son maitre.**

Ça fait beaucoup de nouveautés.
**La rentrée, les nouveaux amis**… ça fait beaucoup de nouveautés.
La rentrée, les nouveaux amis, **apprendre à lire**… ça fait beaucoup de nouveautés.
**Souvent**, la rentrée, les nouveaux amis, apprendre à lire… ça fait beaucoup de nouveautés **pour les enfants.**

Le monstre **est collé au plafond.**
Le monstre **est très méchant.**
Le monstre **mange les enfants.**

**4** **Je lis des pronoms.**

**il** → est / mange

**ils** → écoutent / parlent

## J'apprends le code

### Des lettres muettes

| s | t | d | h |
|---|---|---|---|
| dans | un enfant | le fond | une histoire |
| sans | souvent | rond | un habit |
| parfois | attentivement | en retard | une harpe |
| toujours | minuit | un nid | horrible |
| pas | méchant | | du thé |
| le temps | semblant | | le brouhaha |

## J'apprends le code

j'entends [ɛ]

je vois **ai** ai

aigle

**1**

| | | | | | | | | |
|---|---|---|---|---|---|---|---|---|
| l | ai | → | lai | laide | m | ai | → mai | mairie |
| p | ai | → | pai | paix | l | ai | → lai | balai |
| r | ai | → | rai | rainure | ch | ai | → chai | chaine |

**2** dai – chou – nai – don – rai – pan – boi – sai – tri – tai

**3** laid – une aide – vrai – j'étais – mauvais – j'avais – j'irai
je jouais – je donnerai – il tombait – il savait – elle laisse

## Je m’entraine à lire

### 1 Je lis des mots du texte.

le ventre – l’aide

les dents – les aliments – des plats – les traits

blanche – laid

### 2 Je lis des mots outils.

| | | | | | | |
|---|---|---|---|---|---|---|
| puis | – | surtout | – | c’est | – | alors |
| surtout | – | c’est | – | alors | – | puis |

### 3 Je lis des phrases qui se ressemblent.

Ses parents demandent **l’aide de mamie**.
Ses parents demandent **l’aide du médecin.**

C’est surement **dans son cœur**.
C’est surement **dans son ventre.**

Il faut penser aux aliments.
Il faut penser aux aliments, **surtout cuisiner des plats légers.**
Il faut penser aux aliments, surtout cuisiner des plats légers, **dit le médecin.**

Le monstre **a de grandes dents**.
Le monstre **est très laid.**
Le monstre **attaque les enfants qui grandissent.**

C’est **dans son cœur**, confirme mamie.
C’est **dans son ventre**, confirme **le médecin.**

### 4 Je lis des pronoms.

**il** → a / attaque

**elle** → dit / écoute

## J'apprends le code

j'entends [o]

je vois **o** o — pot

je vois **ô** ô — rôtir

je vois **au** au — auto

je vois **eau** eau — marteau

1

| o | ô | au | eau |
| --- | --- | --- | --- |
| un pédalo<br>un hippopotame<br>la locomotive<br>Noémie | drôle<br>un hôtel<br>un rôle | jaune<br>autour<br>mauvais<br>autant | le poireau<br>beau<br>un bouleau<br>un chameau |

2 deau – seau – fau – nau – reau – po – dau – meau – teau – rô

## J'apprends le code

Les accents

1 ché – mé – mê – nè – te – sé – vê – lé – ré – pê – fè – be

2

| é | è | ê |
| --- | --- | --- |
| déjà<br>rentrée<br>méchant<br>réfléchir<br>épouvantable | très<br>sèche<br>chèvre<br>mère<br>sorcière | tête<br>fête<br>rêve<br>fenêtre<br>même |

## Je m'entraine à lire

### 1 Je lis des mots du texte.

ma faute – un marteau – un couteau – un moineau

des outils – des trous

elle rassure – tu seras sauvé – il tourne        rôtir

### 2 Je lis des mots outils.

| | | | | | | |
|---|---|---|---|---|---|---|
| qui | – | autant | – | parce que | – | dehors |
| parce que | – | qui | – | dehors | – | autant |

### 3 Je lis des phrases qui se ressemblent

Il est dans ma tête.
Il est **autant** dans ma tête **que dans mon cœur.**
Il est autant dans ma tête que dans mon cœur, **que dans mon ventre !**

Il sort son marteau.
Il sort son marteau, **son niveau.**
Il sort son marteau, son niveau, **ses outils**…

Je vais le mettre en petits morceaux.
Je vais le mettre en petits morceaux, **lui faire des trous partout.**
Je vais le mettre en petits morceaux, lui faire des trous partout,
**le faire réfléchir une bonne fois pour toutes !**

Si le monstre est rôti, qui viendra **m'aider pour les moutons ?**
Si le monstre est rôti, qui viendra **me donner des bonbons ?**

Plus besoin **de bonbons !**
Plus besoin **de moutons !**
Plus besoin de bonbons **ni** de moutons, **mon moineau !**

### 4 Je lis des pronoms.

| | | | |
|---|---|---|---|
| **je** → vais / vois | **tu** → seras / es | **il** → sort / est | **ils** → sont / parlent |